Couverture inférieure manquante

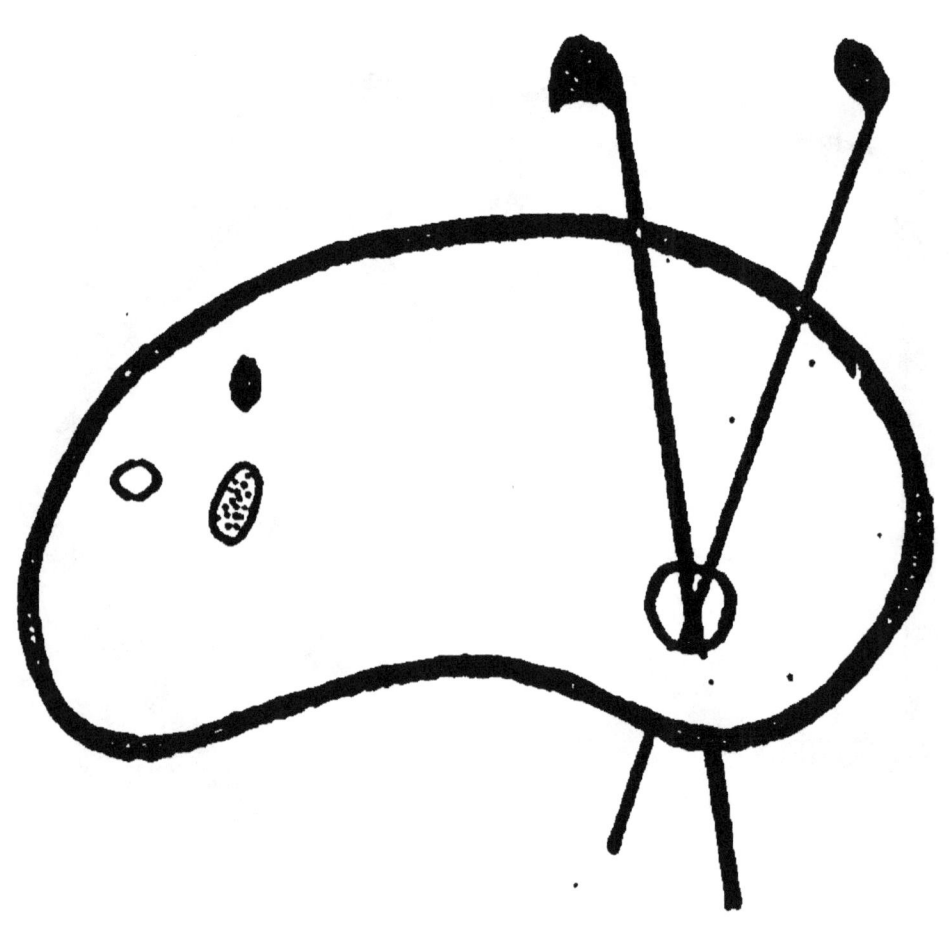

DEBUT D'UNE SERIE DE DOCUMENTS
EN COULEUR

LE
VILLAGE DE HYMONT

PRÈS MATTAINCOURT

ET SA

NOUVELLE ÉGLISE

PAR L'ABBÉ J.-F. DE BLAYE

ANCIEN CURÉ DE HYMONT

Membre de la Société d'Archéologie lorraine
de l'Académie de Stanislas, de l'Académie de Metz, de la Société philomatique de Verdun,
et de la Société d'Émulation des Vosges.

MIRECOURT

HUMBERT, IMPRIMEUR-LIBRAIRE

—

1865

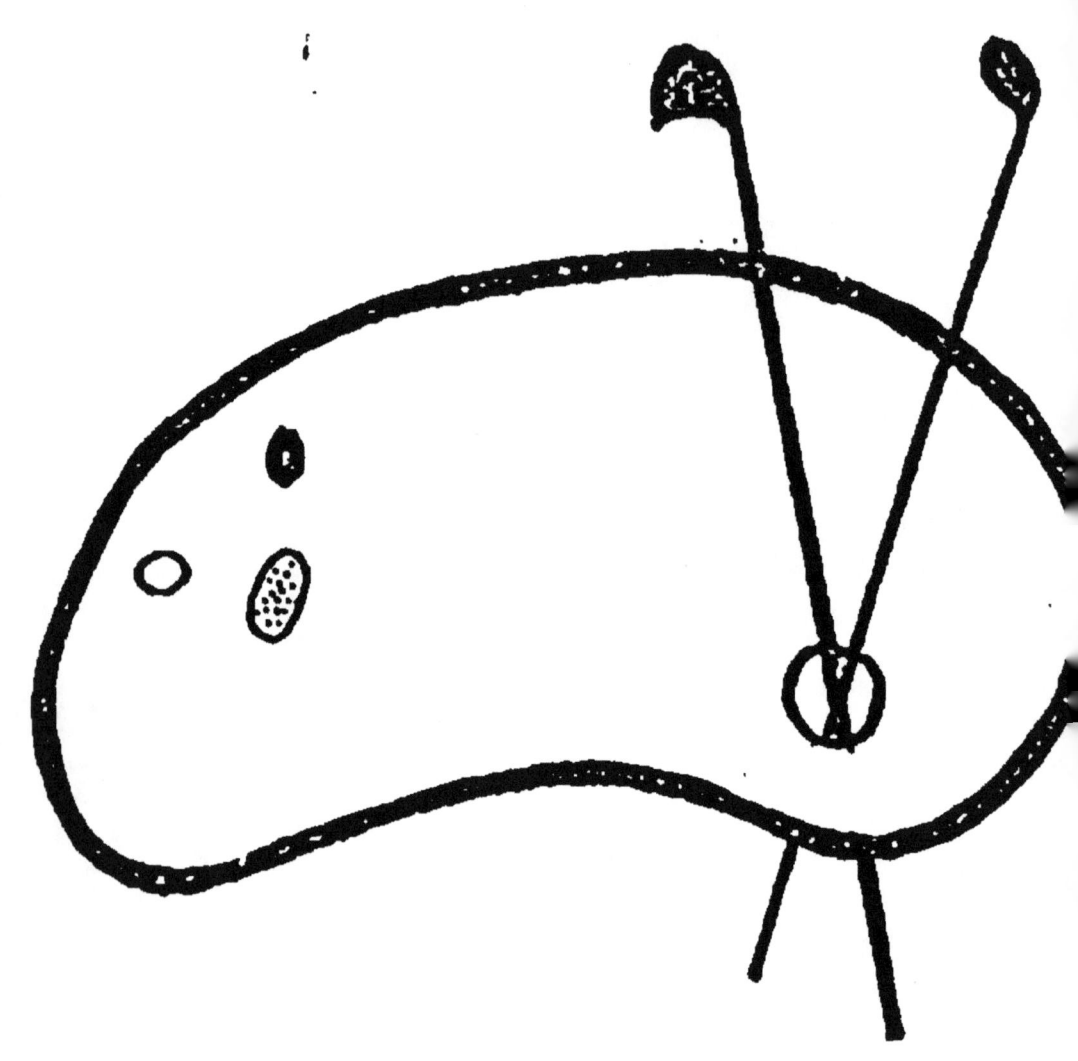

FIN D'UNE SERIE DE DOCUMENTS
EN COULEUR

EGLISE DE HYMONT (Vosges)
M. BOILEAU, Architecte
M. MANGIN, Entrepreneur.

INTÉRIEUR DE L'ÉGLISE DE HYMONT (Vosges)

Mr Boileau, Architecte
Mr Mangin, Entrepreneur.

LE
VILLAGE DE HYMONT
PRÈS MATTAINCOURT
ET
SA NOUVELLE ÉGLISE
PAR L'ABBÉ J.-F. DE BLAYE

Je promis, il y a déjà longtemps, mais les années, bonnes ou mauvaises, passent avec une égale rapidité, d'écrire quelques pages sur l'église nouvelle du village de Hymont ; aujourd'hui seulement, je viens satisfaire à cette promesse.

Pourquoi, me diront quelques uns, faire à l'église nouvelle d'un petit village l'honneur insigne d'une monographie, illustrée de deux magnifiques gravures ? N'eût-il pas suffi de la signaler par quelques mots, ainsi qu'il se pratique pour tant d'autres, qui sont beaucoup plus importantes ?

C'est qu'il m'a paru bien de montrer ce qu'il est possible de faire dans une petite localité, avec des ressources modiques et très difficultueuses ; c'est qu'il m'a paru bien de démontrer que l'église d'un petit village peut atteindre un degré de beauté très suffisant, tout en restant modeste et ne visant pas à la cathédrale.

Qui n'a vu des communes s'excuser de ne pas entreprendre l'œuvre très urgente d'une reconstruction d'église, sur l'impossibilité de suffire à la dépense ? Mon Dieu ! avec un peu plus de bonne volonté, on eût trouvé des ressources suffisantes.

Et encore, qui n'a vu la bonne volonté se tromper ? Voulant bien faire à tout prix, elle exagérait le genre, au risque d'outrepasser les moyens, s'imaginant que la beauté ne se rencontrait qu'avec le grandiose des proportions et la richesse des ornements. Ceux qui écrivent n'ont-ils pas quelquefois encouragé ce travers, louant plus volontiers et avec toute complaisance un vaste édifice, une église cathédralesque, et passant sous silence la modeste église, qui est nécessaire partout et qui peut être réalisée presque partout. Les seules grandes villes (elles sont en petit nombre) peuvent viser à la cathédrale ; mais les villages, petits et pauvres tout ensemble, se comptent par centaines. C'est à ceux-là surtout qu'il importe de proposer des modèles. Ce sont ceux-là surtout qu'il faut encourager, lorsqu'ils veulent entreprendre, et louer lorsqu'ils ont conduit à bonne fin une œuvre sage et utile.

Une autre pensée, je l'avoue, m'a aussi préoccupé en écrivant ces pages. Hélas ! c'est l'amer regret que fait naître la vue des pauvres et misérables églises, quelquefois sans style, d'autres fois même sans solidité, là où, avec à peu près la même somme d'argent, il eût été facile d'élever une église, dont la commune, l'architecte et la religion seraient également fiers, tandis qu'il ne reste aux uns et aux autres qu'à rougir de constructions hybrides et sans caractère, ne dépassant pas le style d'une grange ou celui d'une halle.

La petite église de Hymont, s'élevant gracieuse et élégante, est donc un titre d'honneur pour tous ceux qui ont contribué à sa construction, et tout ensemble une confusion pour ceux qui n'ont rien su concevoir qui soit seulement supportable.

Mais avant de parler de l'église, parlons tout d'abord du village ; qui en sait l'histoire mieux que moi, et, si je ne le faisais, qui jamais songerait à la conter ?

I

Hymont n'a point la prétention de reporter son origine à l'époque des druides ; il ignore même si les Gallo-Romains l'habitèrent, ou bien s'ils se contentèrent de traverser le territoire où il est présentement assis, en suivant la voie romaine de Langres à Strasbourg, laquelle franchissait le Madon un peu au dessus du moulin de Solenval, probablement là où existe un gué connu de tous les enfants de la contrée ; mais en revanche, il sait bien que, même en remontant très haut le cours des âges, il ne fut jamais ni une grande ville, ni même un bourg considérable. Il ne fut jamais autre chose qu'un fort hameau ou un village probablement un peu moins populeux qu'à l'époque présente. Vu la fertilité très variée de son territoire et la facilité de culture des terres qui le composent, moins argileuses que celles de plusieurs villages voisins, il est grandement à présumer que le village de Hymont remonte à une très haute antiquité, et qu'il existait bien avant qu'il n'en soit parlé dans un titre quelconque.

Le plus ancien, où le nom de Hymont se rencontre, date de loin (1247) ; c'est un acte d'échange entre Mathieu, duc de Lorraine, et Vichard de Passavant. Ce duc lui cède tout ce qu'il possède à Mattaincourt, Hymont et Mandres (*), et le seigneur de Passavant abandonne au duc de Lorraine toutes ses possessions à Remoncourt, à Senonges et à Montfort.

Le village de Hymont subit toutes les vicissitudes, bonnes ou mauvaises, par lesquelles a passé la Lorraine. Les guerres et la peste, qui dépeuplèrent presque toutes nos localités, ne l'épargnèrent pas.

On lit dans le *Polium géographique*, dressé par Bugnon, géographe du duc Léopold, en 1710, qu'à cette époque, Hymont renfermait seulement 16 habitants, parmi lesquels étaient 6 garçons. En l'an XII (1804), il en comptait 192 ; en 1830, il en comptait 205. Le dernier recensement lui reconnaît une population de 326 habitants.

On n'y connaît aucune trace d'ancien château : nulle part que je sache, il n'en est fait mention. Le duc de Lorraine y percevait tous les droits seigneuriaux. Les habitants lui devaient taille deux fois l'an ; elle était de six gros par conduit, ou ménage. En outre, chaque ménage payait deux francs au domaine, pour

---

(*) Mandres, village détruit sur l'emplacement de la ferme de Ravenel. Les bâtiments de cette ferme sont un reste de l'ancien château de Mandres.

se racheter de la servitude du four banal. Les cabaretiers payaient dix francs pour le droit de tenir taverne. Chaque année, le dimanche qui précède la Saint-Jean-Baptiste, le receveur ou fermier du domaine choisissait le maire annuel parmi neuf candidats désignés par la communauté. Ainsi, quant au civil, le village était indépendant de toute autre localité et formait une commune séparée; mais il n'en était pas de même quant au spirituel. En effet, pour le service religieux, Hymont dépendait de Mattaincourt, obéissait au même curé et fréquentait la même église. Ceci nous confirme dans la pensée que, pendant tous les siècles antérieurs, la population de Hymont fut trop peu considérable pour qu'il eût son service religieux spécial.

La compensation de ce désavantage a été de posséder pour curé le B. P. Pierre Fourier pendant l'espace de quarante-trois ans, c'est-à-dire depuis 1597 jusqu'en 1640; car, étant curé de Mattaincourt, il le fut, par là même du village de Hymont.

Laissons le R. P. Bédel nous raconter comment ce bon curé aimait et soignait tous ses paroissiens :

« Outre les enseignements publics, il entreprend de les ins-
» truire chacun en particulier ; pour quoi faire, il amène toutes
» les personnes de quatre maisons en une, et leur enseigne, le
» long des journées, les matières les plus nécessaires à leur sa-
» lut, comme les moyens de se bien confesser et communier.
» Quelques jours après, il passait à un autre logis, où quatre
» familles étaient pareillement assemblées. Ainsi, dans peu de
» temps, il parcourut toute sa paroisse et son annexe avec un
» courage infatigable et un très grand profit (¹). »

C'est au B. P. Fourier que le village a dû la modeste chapelle qui vient d'être remplacée par l'église actuelle. Elle s'élevait, isolée, au centre du village, en aval du pont et sur la rive gauche du ruisseau. Dans le principe, elle était seulement destinée à quelques instructions et à la célébration d'une Messe, soit pour la commodité des infirmes, soit à certains jours spé-

_____
(¹) *Vie du T. R. P. Pierre Fourier*, par le R. P. Jean Bédel, page 77.

ciaux : tels, par exemple, que les Rogations et la fête de saint Jean-Baptiste, patron de ladite chapelle. Le Poulié de Toul prétend qu'elle fut consacrée le 14 août 1629. J'ai lu ailleurs que ce fut le 14 septembre 1618. Je crois cette dernière date plus vraie, vu que ce millésime était gravé sur une pierre incrustée dans le pignon, à gauche de la tour. Cette inscription lapidaire a été conservée.

Le Bon Père avait à Hymont des paroissiens qui lui étaient bien dévoués ; c'est l'un d'eux qu'il choisit pour l'exécution de l'une de ces dernières volontés que l'on ne confie qu'à un dévoûment à toute épreuve. Prévoyant que, vu la nécessité où il se trouvait de faire beaucoup de voyages, il pouvait être surpris par la mort, loin de sa chère paroisse ; mais ne voulant pas être séparé de ses bien aimés paroissiens, même lorsqu'il serait dans le tombeau, il avait donné charge à l'un d'eux de faire la conduite de son corps au lieu de Mattaincourt, pour y être inhumé. En paiement de ce dernier service, Demange Leclerc reçut à l'avance la somme de *trois resaux de blé et autant d'avoine;* mais étant mort le premier, il ne put tenir sa parole. Ses héritiers rendirent aux Chanoines Réguliers le grain donné par le Bon Père, et ceux-ci accomplirent eux-mêmes, sans le vouloir, ce que le saint Curé avait toujours si ardemment désiré.

Un autre fait, bien plus considérable que celui-ci, relie le village de Hymont à la vie du Bon Père, en le faisant entrer en participation de la plus grande de ses œuvres.

Alix Leclerc, la première religieuse de la congrégation de Notre-Dame, habitait Hymont depuis l'an 1595, lorsque la grâce vint toucher son cœur et lui inspira de se consacrer à Dieu dans l'instruction gratuite des petites filles. Alix était née à Remiremont ; mais ses parents étaient de Hymont, qui, de tout temps, a été considéré comme sa véritable patrie.

On sait la haute mission providentielle des religieuses de la congrégation et leur immense importance sociale depuis plus de deux siècles en Lorraine, en France, en Allemagne et en Amérique. Et, s'il est permis de préjuger des desseins de Dieu par les signes extérieurs, tout fait espérer que cette congrégation est appelée à reprendre une nouvelle vie et à rendre à l'Eglise, dans les temps modernes, les services les plus considérables.

Indiquons encore, car c'est aussi pour lui un titre de gloire, que le village de Hymont s'unit à celui de Mattaincourt pour défendre contre les chanoines réguliers la poessession de son saint et cher curé, contribuant pour sa part à toutes les dépenses du long procès qui s'ensuivit, dura trois quarts de siècle et épuisa toutes les juridictions civiles et ecclésiastiques.

Ces faits, peu nombreux, composent toute l'histoire de Hymont jusqu'en 1826, qu'il sollicita d'être détaché de Mattaincourt pour le service religieux. Malgré quelque opposition, il obtint assez facilement cette maigre faveur. L'ordonnance d'érection en chapelle vicariale est datée du 11 du mois de juin. Dès cette époque, un prêtre fut attaché à la desserte de l'humble chapelle, en qualité de vicaire résidant. Tout était à créer dans cette paroisse. La bonne volonté n'y fit jamais entièrement défaut; mais les ressources n'abondaient pas. En 1836, on conçut le projet de solliciter un titre de succursale, en annexant à Hymont le village de Valleroy, qui eût été distrait de la paroisse d'Hagécourt; mais les premières démarches n'aboutirent pas, et ce projet fut abandonné. Enfin, le 24 avril 1847, le titre de chapelle vicariale fut remplacé par un titre de succursale. Dès ce moment, la paroisse fut constituée d'une manière définitive et débarrassée d'une entrave, considérable pour sa pauvreté. Dès lors il fut possible de songer au projet de reconstruire l'église, sans pouvoir, toutefois, prévoir encore le moment précis de sa réalisation.

En réalité, Hymont est un beau et riche village, caché dans une étroite vallée, entre deux haies de grands vergers, comme un nid au milieu d'un buisson. Bien des villes seraient fières de posséder une place qui approcherait de largeur avec ce vaste espace, autour duquel s'étalent les blanches maisons du village, dans un alignement assez régulier. Là, au centre, sur le côté droit du ruisseau, était la trop petite et trop pauvre chapelle.

Son emplacement restera consacré par une croix de pierre, entourée d'un massif d'arbres, et dans le pied de la croix, on placera la pierre portant le millésime de la chapelle déjà démolie. Ce petit ruisseau, qui promène joyeusement ses eaux dans son large lit, tout récemment redressé et encaissé entre deux petits murs, sera, dans quelques années, tout bordé de beaux arbres, qui formeront un double quai de verdure. Ce sera pour le village un accroissement de beauté et de salubrité. Déjà, d'ailleurs, Hymont était un des villages les plus sains de la contrée, car il n'existe aucun souvenir que des maladies contagieuses, ou endémiques y aient exercé leurs ravages, si ce n'est, toutefois, la grande peste de 1635, qui n'épargna aucun lieu de la Lorraine.

Nombre de maisons sont récentes et ont été bâties avec élégance et dans de bonnes conditions. Ne projettent-elles pas sur toutes les autres un reflet de prospérité et de progrès? Ce beau pont de pierre a remplacé un pont de bois croulant. La route qui le traverse et grimpe là devant nous, conduit à Vauvillers. Cette autre, qui remonte la vallée en suivant le ruisseau des Saules, est une rectification très heureuse et toute récente de la route départementale de Mirecourt, à Bourbonne. Là, à gauche, en arrivant de Mattaincourt est le presbytère; ici, est la maison commune. Ces deux établissements, construits dans des conditions assez favorables pour faire envie à plusieurs autres communes, et tout ce que j'avais énuméré auparavant, ajoutent à l'aspect prospère et joyeux du village.

Cependant, il est un fait que je ne saurais passer sous silence, parce qu'il importe très gravement à l'amélioration future de Hymont, c'est le défaut qu'ont les maisons, déjà plus anciennes, de se trouver légèrement enfoncées. Certes, ce n'est pas qu'elles aient été bâties à ce niveau; ce défaut est survenu par l'exhaussement très lent, mais sensible après un certain temps, de toutes les vallées, surtout des vallées qui sont traversées par un cours d'eau quelconque. J'ai vu quelque part un exhaussement de vallée, qui, dans l'espace d'un siècle, avait atteint la hauteur d'un mètre. A Hymont, le défaut d'élévation du sol des maisons de la Grand'Rue rend très difficile et imparfait l'écoulement des eaux pluviales et ménagères. Il est indispensable que leurs propriétaires soient déterminés à les élever d'une manière notable au dessus du sol, au fur et à mesure qu'ils auront à les réparer ou à les reconstruire. Dès lors il sera possible de remblayer très fortement le sol de la rue du côté des maisons, pour déverser toutes les eaux vers le ruisseau. Cette amélioration, que l'autorité municipale doit hâter et favoriser de tout son pouvoir, sera d'autant plus heureuse pour les propriétaires eux-mêmes que presque toutes ces maisons, du côté des vergers, se trouvent en contrebas du sol d'une manière assez notable.

II

Une pensée pieuse eût désiré pouvoir élever la nouvelle église sur l'emplacement de cette chapelle, qu'avait rendue plus sacrée la présence du Bon Père ; mais le sol de la vallée, sur les bords du ruisseau, est trop peu solide pour qu'on puisse, sinon à très grands frais, y asseoir un édifice quelque peu considérable. Sous une croûte solide, de mince épaisseur, existe un marécage, duquel on ne sait la profondeur. Il a donc fallu se décider pour un autre emplacement et la transporter un peu vers l'occident, au dessus de la route qui conduit à Bourbonne-les-Bains. Elle s'ouvre vers le nord et son abside est au midi ; c'est, il est vrai, une contradiction totale avec les règles de l'orientation liturgique, mais qui est suffisamment excusable par la difficulté de trouver un autre emplacement.

L'église est bâtie dans le style du treizième siècle ; elle se compose d'une tour avec sa flèche, d'une nef unique avec deux chapelles latérales simulant le transept, de l'abside et enfin de la sacristie. Le tout couvre une superficie de 356 mètres carrés ; la tour et la flèche, sans la croix, ont une hauteur de 50 mètres ; la hauteur des voûtes, sous clef, est de 12 mètres; la nef a 7 mètres 50 de largeur à l'intérieur, le transept a 14 mètres 50, et la longueur totale de l'église, prise de l'extérieur, est de 33 mètres 50, ou 27 mètres 50 à l'intérieur, à partir de la tour. Telles sont les dimensions principales de cette église.

La tour, qui précède l'église, est flanquée, sur chacun des deux angles antérieurs, de deux contreforts se terminant en glacis vers le milieu de sa hauteur, et n'ayant d'autre ornement qu'un ressaut, pourvu d'un larmier vis-à-vis la basse des fenêtres ; sur ses deux flancs, elle est accostée de deux tourelles, dans l'une desquelles est l'escalier qui conduit à la tribune et à l'étage des cloches. Ces deux tourelles, élevées dans les deux angles rentrants du pignon, ajoutent à l'ampleur de la tour et la relient d'une manière très heureuse avec la nef ; du reste, elles sont sans autre ornement qu'une corniche de pierre et un simple cordon faisant larmier vers la moitié de leur hauteur ; elles sont percées de quatre fenêtres étroites appelées meurtrières et recouvertes d'une toiture en ardoise avec choux en zinc. La porte d'entrée, pratiquée dans la face antérieure de la tour, est ornée de deux colonnettes supportant l'arc ogival ; elle s'ouvre sur un palier extérieur élevé de trois marches.

Au dessus de la porte est une grande fenêtre géminée avec trilobes et quatrefeuilles ; cette fenêtre est surmontée d'un oculus rempli par le cadran de l'horloge. Chacune des faces du dernier étage est percée d'une double fenêtre à lancette, surmontée d'un oculus orné d'un trilobe ; les baies des fenêtres sont garnies d'abat-sons. Enfin, chacun des angles est surmonté d'un pinacle, et chacune des faces, couronnée d'un fronton, le tout avec choux terminal. Sur cette tour, s'élève une belle flèche hexagone couverte en ardoises ; son sommet, au dessous de la croix, atteint la hauteur de trente mètres.

A l'extérieur, les murs présentent pour tout ornement un soubassement en pierre de taille, des contreforts peu saillants avec ressaut pourvu de larmiers à la base des fenêtres et se terminant en glacis ; les baies des fenêtres sont simplement élégies en biseau. La toiture de l'église, et celle de la sacristie placée derrière le chevet et y communiquant par une galerie, sont en tuiles mécaniques.

La nef se compose de trois travées, éclairées chacune par deux fenêtres, l'abside est pentagonale et éclairée par trois fenêtres; chaque branche du transept l'est à son extrémité par une fenêtre à double meneau ou à trois baies.

Les voûtes sont en pierres et en briques; les arcs-doubleaux et les nervures sont en pierre de taille et retombent de chaque côté sur des colonnes monocylindriques, adossées aux contreforts. Chacun des quatre angles du transept est orné de deux colonnes accouplées pour supporter la double retombée des voûtes de la nef et des voûtes des chapelles.

Les bases et les chapiteaux des colonnes, la corniche de l'entablement, qui relie chaque colonne à son contrefort, n'ont aucun autre ornement que les simples moulures usitées au treizième siècle. L'intersection des nervures n'est ornée d'aucune clef de voûte saillante. Les fenêtres sont composées de deux lancettes trilobées, surmontées d'un quatrefeuille; elles ne sont ornées ni de tores, ni de colonnettes, mais seulement leurs pieds droits et leurs meneaux sont élégis en biseau. Les seules fenêtres des deux chapelles sont de dimensions un peu plus fortes que celles de la nef et du chœur.

Ces quelques détails suffiront pour donner une idée de l'église de Hymont à ceux qui ne l'ont pas vue.

Certes, toute cette ordonnance est de la plus grande simplicité; l'appareil général est presque pauvre, car il est en moellons, partout où le moellon a pu se montrer sans trop d'indécence et sans compromettre la solidité de l'édifice.

D'autre part, le mobilier fait totalement défaut; les fenêtres ne sont fermées que de verre blanc à l'exception des trois fenêtres absidales qui ont reçu provisoirement une petite grisaille qui n'était pas sans élégance, mais malheureusement paraît n'être qu'une détrempe. Le maître-autel est en planches peintes en décor; celui de la Vierge est probablement en papier, et le troisième n'existe pas. Cependant, je dois faire une exception pour la chaire, qui est en bois de chêne, et les bancs de la nef, lesquels sont construits en fonte de fer peinte en imitation de chêne.

On le voit, il n'y a rien, ni dans l'ensemble, ni dans les détails qui soit fait pour séduire l'œil et surprendre l'admiration : cependant, nonobstant cette grande simplicité, l'unique sentiment que l'on éprouve en considérant cette église, c'est l'admiration pour son élégance et sa belle ordonnance. Cette impression est la première qui saisit après un premier coup d'œil, et c'est encore celle qui reste après un examen approfondi et raisonné ; c'est qu'elle n'est point le produit de quelques perfections de détail et d'ornementation, qui souvent cachent un ensemble défectueux, mais, au contraire, le produit de ce qui constitue la perfection architecturale, à savoir : la belle ordonnance de toutes les parties d'un édifice, la pureté des lignes et l'harmonie générale. Cette beauté est universelle et impérissable ; elle éclate sur le moellon aussi bien que sur le marbre ; elle dure encore même au milieu des ruines, tant qu'il reste assez de pierres superposées les unes aux autres pour dessiner un pan de muraille, ou un fragment d'ogive.

Parmi les choses qui contribuent à donner ce mérite à la petite église de Hymont, en accusant fortement son caractère, je dois citer la saillie des nervures et des colonnes. Pour celles-ci, la saillie provient de ce que la colonne est entière et non engagée, et surtout de ce que le contrefort qui l'accoste, est lui-même en saillie dans l'intérieur de l'église.

Pour bien faire comprendre ceci, je suis obligé d'entrer dans quelques détails. Dans un édifice ogival, voûtes et toitures portent en entier sur les piliers ou colonnes et sur les contreforts ; les murs intercalaires ne sont que des clôtures ; ils peuvent être supprimés, sans que l'édifice en éprouve aucun éboulement. C'est le mystère des absides de nos belles églises, où réellement on n'aperçoit aucunes murailles, mais seulement les colonnettes, qui dessinent les fenêtres et les contreforts qui les appuient. C'est le mystère de la cathédrale de

Metz, qui apparaît comme un immense fenestrage. Le mur de clôture n'étant pas nécessaire à la portée des voûtes, peut être construit à l'une ou à l'autre extrémité du contrefort, selon que l'on a besoin, ou non, de plus d'espace à l'intérieur. Dans l'église de Hymont, ce mur donne au milieu du contrefort, lequel, par ce moyen, est autant en saillie à l'intérieur qu'à l'extérieur, et cette disposition a pour effet d'élargir la nef d'un espace égal à la moitié du contrefort, sans augmenter la dépense, ni compromettre la solidité de l'édifice, car l'une et l'autre dépendent de l'étendue ou de la portée des voûtes.

Dans la splendide église de Moyenmoutier, ce mur est reporté à l'extrémité extérieure des contreforts, qui saillissent seulement à l'intérieur pour y former autant de chapelles.

Il serait même possible de reculer ce mur au delà des contreforts, de façon à se ménager de chaque côté une sorte de couloir, ou bas-côté de petite largeur. Ce système appliqué dans l'église de Hymont eût donné un peu plus d'ampleur à la nef et permis à l'œil de plonger dans chacune des chapelles ; il eût en outre facilité la circulation au bout des bancs.

J'ai dit, avec toute conviction, quel est le mérite de l'église de Hymont ; aucune œuvre n'étant parfaite, j'ai le droit égal d'y signaler quelques défectuosités. C'est tout d'abord et surtout le défaut d'ampleur de la nef, qui n'atteint pas les proportions du développement du chœur, et qui est inférieure au chiffre de la population : celle-ci, en effet, au moment présent, est déjà obligée d'envahir les chapelles ; comme il est permis de prévoir qu'elle continuera à s'accroître pendant un certain temps, il faut bien dès le commencement conclure au défaut de développement de la nef. Pour ces deux causes, l'architecte lui-même aurait désiré pouvoir lui donner un peu plus de longueur et de largeur en reculant les deux murs latéraux, ainsi qu'il vient d'être dit, et qu'il l'a pratiqué dans une petite église près de Rochefort.

Je signalerai ensuite un détail de bien moindre conséquence, c'est l'irrégularité de l'arc de la tribune ouverte dans la tour au dessus du portail : était-il donc impossible de le composer de lignes plus harmonieuses et mieux caractérisées.

Les bans, montés en fonte de fer, en style de charpenterie, imitent un genre rustique, je ne saurais les louer qu'à moitié.

Quant à la chaire en bois de chêne, elle est de la même main qui a fabriqué la trop malheureuse chaire de la cathédrale de Toul ; celle de Hymont ne lui ressemble ni pour le prix, ni pour la forme ; peut-être, vu son prix très minime, 500 fr., dit-on, lui est-elle encore préférable. Cependant j'incline à penser que plus tard on regrettera sa trop grande simplicité.

Ces derniers défauts sont minimes et même assez facilement guérissables dans la suite des temps ; ils diminuent donc très peu le mérite de ceux qui ont conçu et dirigé le plan de cette église.

Ici je me sers à dessein du nombre pluriel, parce qu'en réalité, derrière l'architecte, que, un jour, ne sachant rien du fait, je voulais seul féliciter, se trouve M. le curé de Mattaincourt, à qui M. Boileau veut que j'adresse une part très méritée de félicitations, « car c'est lui, me dit-il, qui m'a demandé le plan de l'église de Hymont, comme devant produire un bon effet artistique, plan que j'ai suivi. »

M. le curé de Mattaincourt a encore ici un autre mérite, celui d'avoir stimulé le zèle des paroissiens de Hymont à faire tous les sacrifices nécessaires pour cette importante construction, et d'avoir encouragé M. F. Simonin, maire de la commune, à la poursuivre avec une admirable bonne volonté. Nul autre ne pouvait s'acquitter de cette tâche avec une égale autorité : celle que donne le succès d'une grande œuvre, admirablement conçue et heureusement réalisée, l'œuvre de l'église et du pèlerinage de Mattaincourt.

C'est ainsi que l'église de Hymont a été conçue, dirigée et même exécutée par les mêmes personnes qui ont conçu, dirigé et exécuté l'église de Mattaincourt, car, à la suite de

MM. Hadol et Boileau, est venu M. Mengin, l'entrepreneur. Citer le nom de M. Mengin, c'est faire comprendre d'un seul mot que l'exécution matérielle est irréprochable.

J'arrive enfin à un point très grave et inévitable dans toutes les entreprises humaines ; ce point est même d'autant plus considérable et redoutable, qu'il s'agit d'une chose plus excellente, à savoir le solde de cette église. Ce solde, qui n'est pas encore totalement effectué, s'élève à la somme de 35,000 francs. Voici les principales divisions :

La maçonnerie, pierre de taille comprise, s'élève à la somme de 23,759 fr. ; la charpenterie enlève une somme de 2,003 fr. ; la couverture, celle de 4,434 fr. Le reste va se partager entre les fouilles, la menuiserie, la serrurerie et ferrure, la peinture et la vitrerie.

Lorsqu'on voulut commencer, la commune avait en caisse un peu moins de 11,000 fr., c'est-à-dire, pas même le tiers de la somme nécessaire : c'était le produit de la vente du quart de réserve. Les habitants se cotisèrent, M. le curé en tête, quelques uns en fournissant de l'argent, et le plus grand nombre en se chargeant de la conduite des matériaux, qui représente un chiffre considérable ; puis ils sacrifièrent plusieurs coupes affouagères, qui furent vendues successivement au bénéfice de l'œuvre projetée. Le gouvernement leur vint en aide par un secours de 5,000 fr. ; certes, ce secours était bien mérité. Pendant l'été de 1861, la somme n'était pas encore complète ; et, par une conséquence nécessaire, la tour ne pouvait, ni ne devait être élevée plus haut que la voûte de la nef ; ils ajoutèrent à tous leurs autres sacrifices celui d'une nouvelle coupe affouagère, et même ils se cotisèrent pour solder la rente de la somme à emprunter, jusqu'à la vente de cette dernière coupe. Tous ces sacrifices ont été faits à l'unanimité et avec un cœur joyeux. Tous comprenaient que la construction de l'église était aussi importante que nécessaire. Sans église, une commune peut-elle subsister ? Elle le pourrait plutôt en manquant de tout le reste. Quoi donc pourrait remplacer l'église ? Et que n'ont-ils pas gagné en élevant si généreusement cette église, qui est, à si juste titre, l'admiration de tous, et qui sera leur gloire à jamais !

Aussi, quand il le faudra, ils seront prêts à compléter les sacrifices déjà faits par des sacrifices nouveaux. — Mon Dieu ! tout n'est-il donc pas fait ? et que manque-t-il encore ? — Mgr. l'évêque de Saint-Dié, admirant l'église de Hymont, un jour qu'il y était de passage, promit spontanément à M. le maire de venir en faire la consécration solennelle, de là à deux ans. Deux ans, c'était un terme un peu court, vu ce qui restait à faire ; mais les bons paroissiens de Hymont n'ont pas oublié la douce promesse du Vénéré Pontife. Aussitôt qu'il leur aura été possible de pourvoir au mobilier le plus indispensable, ils le supplieront de venir accomplir cette promesse bénie. Ah ! si pour ce jour, solennel par dessus tous les autres, trois belles cloches pouvaient carillonner dans ce beau clocher, combien la fête serait complète ! Bien certainement, ce clocher n'a pas été fait si beau et si élégant, pour ne faire entendre, à tout jamais, que le son monotone d'une pauvre cloche. Non, il n'est pas de belle église, il n'est pas de beau clocher, il n'est pas de belle fête dans une église et dans une paroisse, si trois belles cloches ne jettent dans les airs leurs volées solennelles et leurs joyeux carillons.

Lunéville, 14 décembre 1863.

www.ingramcontent.com/pod-product-compliance
Lightning Source LLC
Chambersburg PA
CBHW070459080426
42451CB00025B/2806